그림으로 만나는
에니어그램

글 · 그림 강민정

에니어그램(Enneagram)

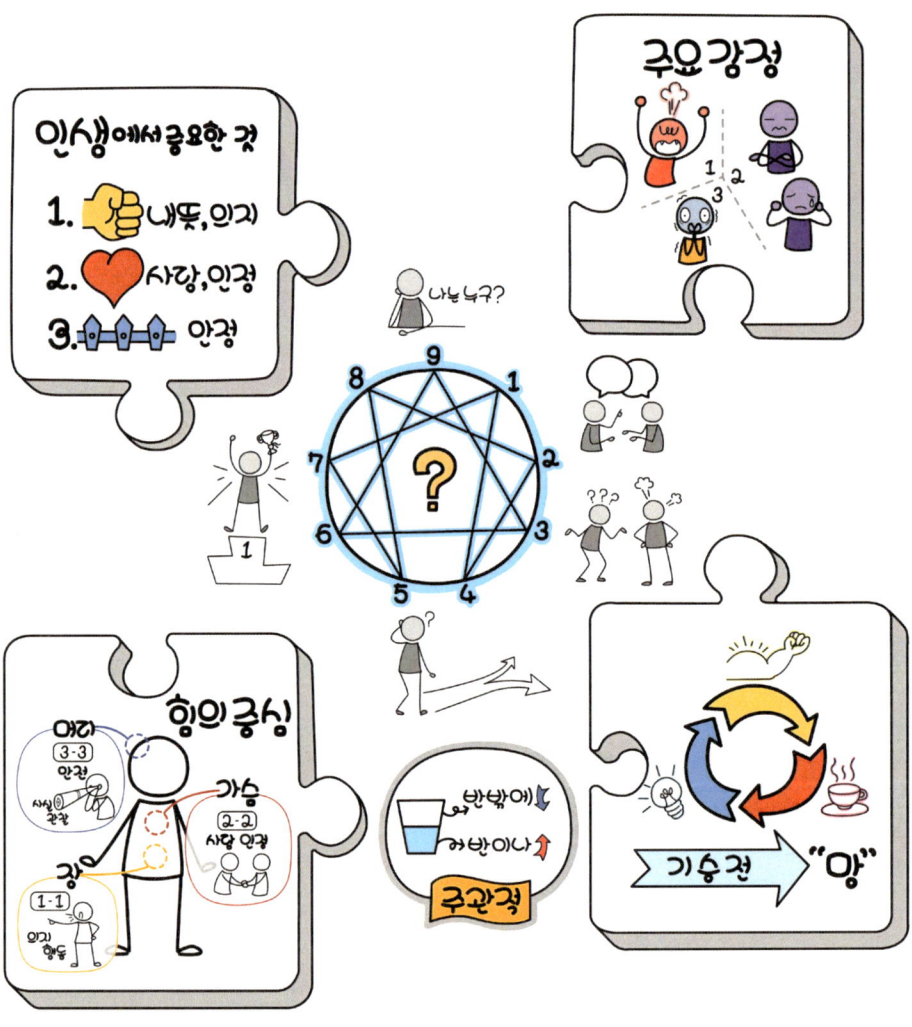

에니어그램은 사람들의 성격을 아홉 가지로 분류한 성격심리학입니다.

에니어그램은 고대로부터 전해온 지혜에 현대 심리학이 접목되어 자아 탐색, 관계 증진, 상담, 진로지도 등 다양한 분야에서 활용되고 있습니다.

머리형, 가슴형, 장형의 세 가지 에너지 중심의 사람들이 있습니다.
머리형은 사고 중심의 사람, 가슴형은 감정 중심의 사람, 장형은 본능 중심의 사람입니다.

장형의 사람들은 인생을 자기 뜻대로, 자기 의지대로 살고 싶어 합니다. 그러나 세상이 자기의 뜻대로 되지 않기 때문에 분노가 일어납니다.

가슴형의 사람들은 사랑과 인정을 받고 싶어 합니다. 그러나 세상이 자신을 충분히 사랑해 주지 않기 때문에 서운함, 수치심, 질투심을 느낍니다.

머리형의 사람들은 안전하게 살고 싶어 합니다. 그러나 세상에는 사건, 사고가 너무 많기 때문에 불안과 걱정에 시달립니다.

인생을 살아가면서 머리, 가슴, 장의 에너지를 필요에 따라 사용해야 하는데, 우리는 자신의 주된 에너지만 줄곧 사용합니다. 에너지의 중심은 자신의 강점이자 약점입니다.

열정적으로 도전하는 8유형

8유형은 초원의 왕, 사자와 비슷합니다. 자신의 영역을 지키는 것이 중요합니다. 자기 영역 안에 속하는 사람은 많아도 좋지만, 경쟁 상대가 나타나면 바로 전투태세를 취합니다.

8유형은 이 세상을 승부의 세계로 봅니다. 내가 통제 당하지 않기 위해 강하고 힘 있는 존재가 되어야 한다고 생각합니다.

대체로 당당한 체구에 말투가 단도직입적
이고, 리더십이 있습니다. 자신의 뜻대로 안
될 때는 분노를 거침없이 표현합니다.

분노

8유형은 행동하는 사람입니다. 자신감이 있고 추진력도 있습니다.
당면한 문제나 어려움에 두려움 없이 도전합니다.

'할수 있다!!'

자신은 다소 권위적이지만 타인의 권위는 인정하지 않는 편입니다. 그러나 한번 승복한 대상에 대해서는 높은 충성심을 보입니다. 의리가 있습니다.

성숙한 8유형은 자신의 통제 욕구와 그에 따른 분노를 인식합니다. 자신의 연약한 면을 인정하고 상대방과의 관계를 고려합니다.
자신의 큰 에너지를 사람들을 보호하고 돕는 데 사용합니다.

온화하고 여유있는 9유형

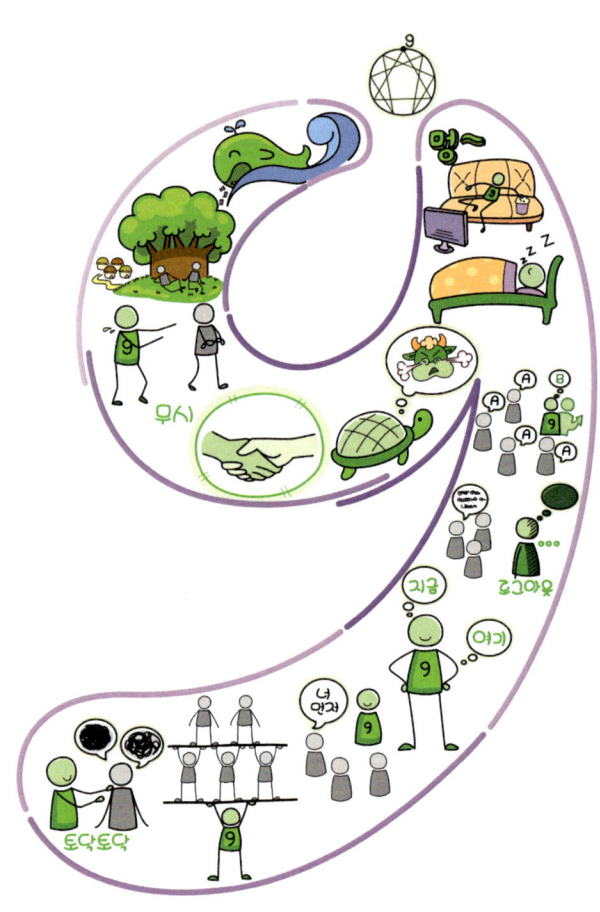

큰 고래를 떠올려 보세요. 9유형의 이미지입니다. 고래는 큰 힘을 가지고 있지만 공격적이지 않습니다. 마치 마을 어귀에 있는 당산나무와 같이 9유형은 누구든 받아주는 여유가 있지만, 당산나무를 옮길 수 없는 것처럼 9유형의 고집도 꺾을 수 없습니다.

9유형은 좀처럼 화를 내지 않습니다. 타인의 의견에 강하게 반박하는 일도 없습니다. 그러나 9유형을 원하지 않는 방향으로 끌고 가는 것은 쉽지 않습니다.

9유형은 무시에 예민합니다. 9유형은 연결에 대한 강한 욕구를
가지고 있는데, 무시는 연결감이 끊어지는 신호라고 느낍니다.

무시

멍~

9유형은 행동이나 말투가 다소 느린 편입니다. 하기 싫은 것은
끝까지 미루는 경향이 있습니다. 스트레스를 받으면 잠을 자고
멍 때리는 모습을 보이거나 갑자기 머릿속이 로그아웃됩니다.

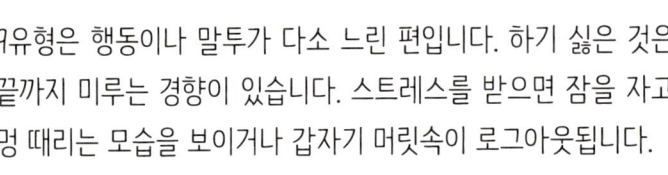

로그아웃

9유형은 여유 있고 느긋합니다. 자신을 내세우지 않고 묵묵히
뒷받침하는 역할도 잘 합니다.

9유형에게 자신이 원하는 것을 이야기할 수 있는 기회를 제공하는
것은 9유형을 돕는 방법입니다.

성숙한 9유형은 자신의 욕구나 감정을 잘 인식하고
지금, 여기에 또렷한 정신으로 참여합니다.

모범적이고 책임감 있는 1유형

1유형은 선생님이나 선비 같은 이미지입니다.
흔히 1유형을 완벽주의자라고 부르지만, 그들
자신은 이렇게 불리는 것을 매우 부담스러워
합니다.

1유형의 머릿속에는 내면의 비평가가 살고 있습니다.
이 목소리는 높은 기준을 갖고 있어서 만족시키기가
매우 어렵습니다.
그래서 1유형은 타인과 자신에게 비판적입니다.

자신의 비롯한 세상 모든 것이 못마땅하기 때문에 마음속에 항상 분노가 있지만, 분노를 표출하는 것은 옳지 않다고 생각하기 때문에 분노를 억압합니다. 찡그린 표정이나 딱딱한 태도로 모두 드러나긴 하지만요.

1유형은 상대방이 잘한 것보다 부족한 것에 주목합니다. 상대방을 개선시키려는 사랑의 마음에서 비롯된 행동이지만 상대방은 1유형의 지적질에서 사랑을 느끼기 어렵습니다.

1유형은 성실하고 규칙적이며 계획대로 실천하는 모범생입니다. 시간 약속을 중요하게 생각하고 책임감이 강합니다.

1유형에게 없는 것은 유머와 위트입니다. 곧이곧대로 생각하기 때문에 창의력은 다소 부족합니다.

성숙한 1유형은 열린 마음으로 자신과 세상을 바라봅니다. 자신의 원칙을 고집하면서 타인을 고치려고 하기보다 존재 그대로의 가치를 인정합니다.

친절하게 도와주는 2유형

2유형은 친절하고 희생적이며 타인을 돕는 사람입니다. 전통적인 어머니상의 이미지를 떠올려 보세요. 2유형의 특성이 여성적인 느낌을 주지만, 친절하고 온화한 2유형 남성도 분명히 존재합니다.

2유형은 착한 사람, 필요한 사람, 도와주는 사람의 이미지를 추구합니다. 그러나 2유형이 주는 사랑은 돌려받기 위한 사랑입니다. 자신의 사랑에 대해 보답이 충분하지 않을 경우, 서운해거나 분노하기도 합니다.

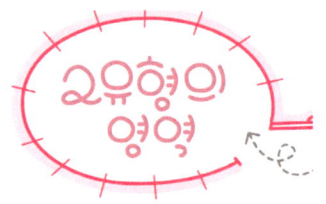

2유형의 영역은 열려 있습니다. 다른 사람의 방문을 환영할 준비가 되어 있습니다. 더불어 2유형은 타인의 경계 안으로 쉽게 들어갑니다. 오지라퍼, 간섭쟁이가 되기도 합니다.

2유형은 타인의 필요에 촉이 서 있는 사람입니다. '상대방에게 필요한 것, 좋은 것을 알고 있고 그것을 내가 채워줄 수 있다.'는 자만이 있습니다. 지나치면 도움이나 사랑이라는 이름으로 상대방을 조종하기도 합니다.

2유형은 상대방이 듣고 싶어하는 말을 잘 합니다. 때로는 진심이 아닌 칭찬을 하거나 아첨을 하기도 합니다.

2유형은 친절하고 온정적입니다. 가엾은 대상을 지나치지 못하고 관계중심적입니다.

대개의 2유형은 자기 돌봄을 어려워하지만, 성숙한 2유형은 먼저 자신을 잘 돌봅니다. 다른 사람의 평가에 휘둘리지 않고, 보답을 생각하지 않고 타인을 돕습니다.

세련되고 유능한 3유형

3유형의 별명은 성취하는 사람입니다. 3유형은 세련되고 유능합니다.

3유형은 감정을 성공의 방해요소라고 인식하기 때문에,
불필요한 감정은 억압합니다. 그래서 가슴형이지만 다소
냉정하게 보이기도 합니다.

3유형은 성공한 사람의 이미지를 추구합니다. 사회적으로 인정받는 지위, 브랜드 등 외적으로 드러나는 성공을 추구하며 자신을 잘 포장하고 마케팅합니다.

3유형은 효율적인 사람입니다. 시간도, 자원도 비용 대비 편익을 따집니다. 3유형은 일중독이 되기 쉽습니다. 또 목적을 달성하기 위해서는 약간의 편법도 가능하다고 생각합니다.

3유형은 카멜레온처럼 어떤 자리에도 잘 적응하고 다양한 페르소나를 능숙하게 사용합니다. 이것이 지나치게 되면 진정한 자신의 모습을 잃어버릴 수도 있습니다.

3유형은 실패를 회피하기 때문에 실패할 것 같은 일에는 아예 도전하지 않는 경우도 있습니다. 지나친 경쟁심이나 스트레스를 관리할 필요가 있습니다.

성숙한 3유형은 유능함을 발휘하여 공동체의 성공을 돕습니다. 자신만의 성공이 아니라 함께 성장하고 진정한 사랑과 인정을 받습니다.

독특하고 감성적인 4유형

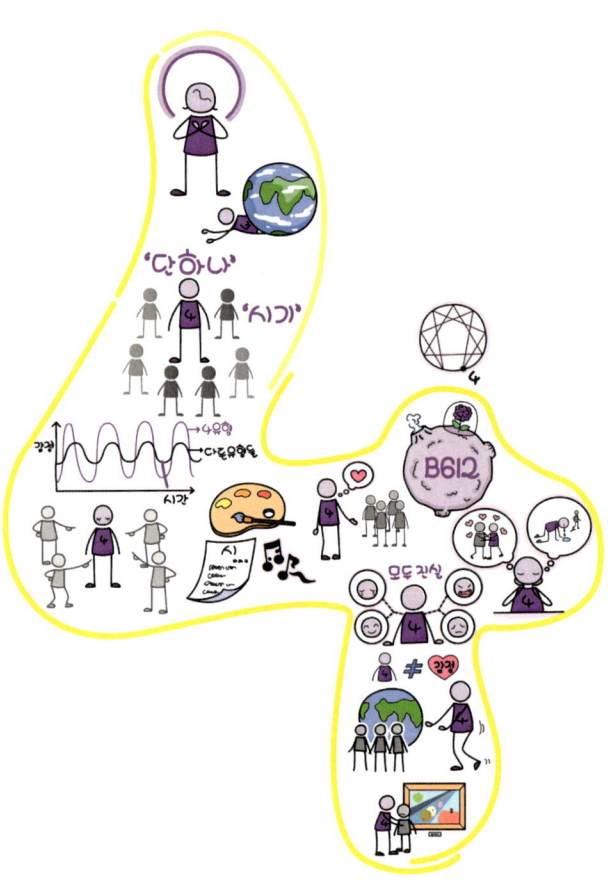

4유형은 아홉 유형 중에서 가장 감성적인 사람입니다. 감정을 깊고 크게 느끼며 독특한 아우라를 갖고 있습니다.

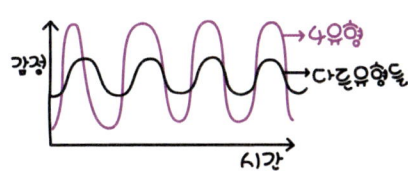

4유형은 자신을 세상에 잘 적응하지 못하는 사람이라고 인식하면서 한편으로는 세상에 단 하나뿐인 특별한 사람이라고 느낍니다.

4유형은 다른 사람들은 모두 가지고 있는 중요한 무언가가 자신에게만 없다고 느낍니다. 이런 인식에서 비롯된 시기는 4유형의 근원적인 감정입니다.

4유형은 자신이 느끼는 감정을 표현하고자 하는 욕구가 큽니다. 시, 소설, 음악, 미술 등 예술로 그것을 표현합니다. 예술을 직업으로 삼지 않더라도 4유형은 일상 속에서 예술활동을 합니다. 4유형은 심미적이고 창의적입니다.

4유형은 사랑과 인정을 원하지만 수줍음도 많습니다. 〈어린 왕자〉의 장미처럼 매력적입니다.

4유형은 로맨틱하거나 우울한 공상을 즐기는데, 감정에 접촉하는 자신이 진실하고 아름답게 느껴져서 감정을 붙잡고 있거나 감정을 증폭시키기도 합니다. 지나치면 현실에 발붙이지 못하고 우울증에 빠지는 경우도 있습니다.

성숙한 4유형은 감정과 자신을 분리할 수 있습니다. 자신의 내면으로만 향해있는 시선을 세상과 타인에게 돌릴 때 더 진실한 자신을 발견하게 됩니다.

냉철하고 객관적인 5유형

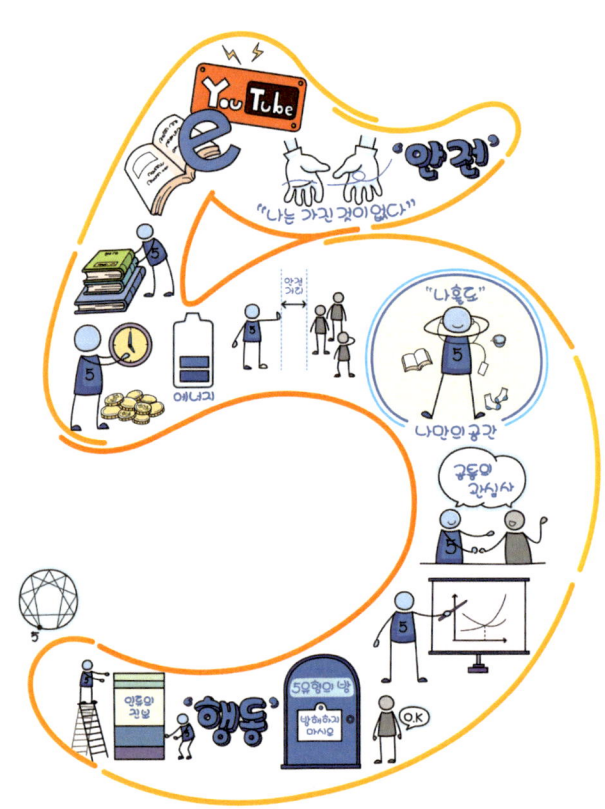

5유형은 처음부터 끝까지 다 알면 안전할 것이라고 생각해서 지식을 추구합니다. 또 5유형은 자신에게 자원이 부족하다고 생각합니다.

5유형은 책이나 인터넷, 유튜브 등 온갖 매체를 통해 자신이 충분히 알 때까지 지식을 수집합니다. 그러다가 행동으로 옮기지 못하는 경우도 많습니다.

5유형은 적은 자원으로도 살 수 있는 검소한 사람입니다. 그러나 5유형은 자원이 부족하다고 여기기 때문에 그것을 모아두려고 애쓰고 나누지 않습니다. 자원에는 지식 뿐 아니라 시간, 에너지 등도 포함됩니다.

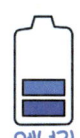

5유형은 인간관계를 힘들어하는데, 관계 속에서 생기는 감정에 많은 에너지를 소비하게 된다고 생각하기 때문입니다. 5유형은 자신만의 공간에 있는 시간을 좋아합니다.

5유형은 자신과 타인의 감정에 거리두기를 합니다. 이것 때문에 냉정해 보이기도 하지만, 상황이나 문제를 객관적이고 초연한 태도로 바라봄으로써 좋은 해결책을 제시하기도 합니다.

5유형은 인간관계가 넓지 않지만, 관심사가 같거나 지적인 수준이 맞는 상대방을 만나면 밤을 새워서 이야기를 나눌 수도 있습니다. 직업인으로서의 5유형은 냉철한 전문가입니다.

성숙한 5유형은 앎은 책 속에만 있지 않다는 것을 알고 있습니다. 자신의 지식을 세상 속에서 행동으로 실천하면서 더 풍요로운 앎을 얻게 됩니다.

따뜻하고 성실한 6유형

6유형은 아홉 유형 중에 가장 불안이 높은 사람입니다. 6유형은 신뢰할 수 있는 공동체나 신념 체계에 속함으로써 안전을 추구합니다.

6유형의 별명은 성실한 사람, 충성가입니다. 6유형은 자신이 속한 공동체가 너무나 소중하기 때문에 그 지침을 준수하고 성실하게 봉사합니다.

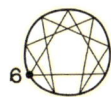

6유형은 조용하고 온순한 편이나, '우리와 구분된 너희'라고 생각하는 대상에 대해서는 경계심이나 적개심을 갖기도 합니다.

6유형은 돌다리도 두드리는 조심성이 많은 사람입니다. 6유형은 자신이 의지할 수 있는 권위자를 원하지만, 한편으로는 권위를 의심하고 끊임없이 시험합니다.

6유형의 머릿속에는 내면위원회가 있습니다. 6유형은 자기 확신이 부족합니다. 걱정을 하느라 불면증이 생기기도 합니다.

6유형은 자신의 잘못을 인정하기가 두려워 그것을 남에게 돌리기도 합니다. 심리학 용어로 투사라고 하지요.

6유형의 불안은 경계경보로 활용할 수 있습니다. 일어날 수 있는 어려움에 미리 대비하는 역할을 합니다.

성숙한 6유형은 불안의 실체를 바라볼 수 있습니다. 불안에 떠느라 에너지를 낭비하지 않고 실제 문제를 해결하는데 에너지를 집중합니다.

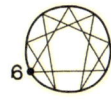

열정적이고 유쾌한 7유형

7유형은 피터팬처럼 영원히 철들지 않는 귀여운 사람입니다. 7유형은 어려운 상황이나 불안에서 도망침으로써 안전한 느낌을 추구합니다.

7유형은 세상을 재미로 가득한 곳이라고 생각하고 모든 것들을 경험해 보고 싶어 합니다. 7유형을 움직이는 동력은 호기심입니다. 아이디어가 많고 그것을 즉시 실행하려는 충동성도 강합니다.

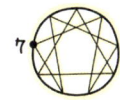

짜여진 규칙이 부여되는 학교나 단체생활에는 어려움을 느끼지만, 광고, 방송, 공연, 유튜브 등 즐거움을 제공하고 열정을 불태우는 업계에서는 7유형이 활약할 수 있습니다.

7유형은 실행보다 계획하기를 좋아합니다. 7유형의 계획은 구체적이기보다는 미래에 대한 즐거운 상상입니다. 지루하고 어려운 실행과정은 피하는 경우가 많습니다.

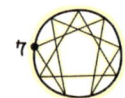

7유형은 밝고 유쾌하고 매력적입니다. 유머가 있고 언변이 좋아 모임도 잘 만듭니다. 그러나 7유형의 인간관계는 넓고 얕은 관계입니다. 자신의 깊은 감정을 회피하듯이 타인의 감정에도 깊이 공감하기 어렵기 때문입니다.

7유형에게는 최소한의 규칙을 부여하고 나머지는 자유롭게 해 주어야 합니다.

성숙한 7유형은 호기심이나 충동에 이끌리는 자신을 바라볼 수 있습니다. 어려움 앞에서 도망치지 않고 지루한 과정을 견디고 진정한 기쁨과 성취감을 얻습니다.

강민정

위앤드상담교육센터 대표
한국에니어그램협회 상임이사
에니어그램 인증전문가
한국건강가정진흥원 전문강사
서울시가족센터 전문강사

두 아이의 엄마이며 18년차 부모교육 강사입니다. 명지대에서 에니어그램을 공부하고 석사학
위를 받았고 한국에니어그램협회에서 상임이사로 활동하고 있습니다. 자아발견, 부모교육, 청
소년진로, 조직 리더십 강화 등 다양한 분야에 에니어그램을 접목하는 시도를 하고 있습니다.